E-CLIP ③

감성적 창의 주도성 향상 프로그램

인지를 놀이자

Cognition II

E-CLIP ③

감성적 창의 주도성 향상 프로그램

인지를 높이자
Cognition II

초판 1쇄 인쇄 2022년 8월 8일
초판 1쇄 발행 2022년 8월 8일

지은이 송인섭
펴낸이 김선식

경영총괄 김은영
책임편집 박슬기   **디자인** 차다운   **책임마케터** 이석원
연구개발팀장 김재민   **연구개발팀** 박슬기, 차다운, 장민지, 조아리
콘텐트리팀 김길한, 임인선, 이석원, 윤기현
저작권팀 한승빈, 김재원, 이슬
재무관리팀 하미선, 윤이경, 김재경, 오지영, 안혜선
인사총무팀 김혜진, 황호준
제작관리팀 박상민, 최완규, 이지우, 김소영, 김진경, 양지환
물류관리팀 김형기, 김선진, 한유현, 민주홍, 전태환, 전태연, 양문현, 최창우

펴낸곳 다산북스   **출판등록** 2005년 12월 23일 제313-2005-00277호
주소 경기도 파주시 회동길 490
전화 02-704-1724   **팩스** 02-703-2219   **이메일** dasanbooks@dasanbooks.com
홈페이지 www.dasanbooks.com   **블로그** blog.naver.com/dasan_books
다산전인교육캠퍼스 www.dasaneducation.co.kr
종이 IPP   **인쇄** 민언프린텍   **제본** 국일문화사

ISBN 979-11-306-9110-7 (64370)
     979-11-306-9107-7 (세트)

1. 송인섭 교수

　세계적인 자기주도학습법 권위자인 송인섭 교수는 숙명여대에서 35년 간 교수로 재직했으며, 현재 동 대학교 명예교수이자 다산전인교육캠퍼스 원장을 맡고 있습니다. 또한 한국교육심리연구회 회장, 한국교육평가학회 회장, 한국영재연구원 원장과 AERA(American Educational Research Association)에서 발행하는 학술지의 논문심사위원을 역임했으며, 70여 권의 교육 저서를 집필했습니다.

　송인섭 교수는 주입식 교육이 일반적이었던 한국 교육에 자기주도학습이라는 개념을 최초로 도입해 확산하였으며, EBS 〈교육실험 프로젝트 - 스스로 공부하는 아이 만들기〉, 〈공부의 왕도〉, 〈교육 마당〉 등에 출연하여 자기주도학습의 효과를 입증하였습니다. 그리고 이 내용을 담은 《공부는 전략이다》는 부모 및 교육 관계자들에게 수십만 부 이상 판매되며, 교육계에 새로운 패러다임을 가져왔습니다. 이 후로도 20여 년간 《공부는 실천이다》, 《와일드》, 《혼공의 힘》 등 교육 분야의 도서를 출간하고 자기 주도학습 강연을 하며 한국 교육을 이끌고 있습니다.

　또한 송인섭 교수는 다양한 학습 프로젝트를 수행하며 수십만 명이 넘는 학생과 학부모, 교사를 만나 자기주도적 공부 전략을 소개하고 상담했습니다. 이 과정에서 많은 아이가 공부에 실패를 겪고 상처 받는다는 공통점을 발견하였습니다. 아이들은 자신에게 맞는 공부법만 찾으면 충분히 극복할 수 있는 문제임에도 해결 방법을 몰라 고민하고 있었습니다. 이들을 위해 송인섭 교수는 수십만 건의 실제 학 습 문제 상황을 수집하고 연구하였습니다. 그 결과 자기주도학습을 바탕으로 각자의 상황에 맞춰 공 부하는 힘을 기르는 새로운 학습 프로그램인 《E-CLIP》을 개발하였고, 이 프로그램을 여러 심리 센 터에 적용해 높은 성과를 얻고 있습니다.

'E-CLIP(Emotional Creative Leadership Improvement Program)'은 실제 교육 현장에서 총 8,950명의 학습자를 대상으로 20년 동안 관찰과 실험, 상담을 통해 얻은 빅데이터로 개발한 '감성적 창의 주도성 향상 프로그램'입니다. 프로그램 연구와 개발에는 자기주도학습법 권위자 송인섭 교수와 다수의 교육심리학 전문 연구진이 참여했습니다.

2. 심리 검사 및 교재 연구

전문 연구 위원(가나다순)

- 김수란 우석대 교수
- 김희정 대구대 교수
- 성소연 호서대 교수
- 이희연 한국교육개발원 책임
- 정유선 아주대 교수
- 최지혜 을지대 교수

- 김누리 목포해양대 교수
- 남궁정 숙명여대 교수
- 안혜진 수원여대 교수
- 정숙희 숙명여대 교수
- 최보라 숙명여대 교수
- 한윤영 숭실대 교수

- 김은영 루터대 교수
- 박소연 숙명여대 교수
- 육진경 루터대 교수
- 정미경 한경대 교수
- 최영미 한경대 교수

3. 심리 검사 및 교재 개발

개발 총괄

- 김영아 다산전인교육캠퍼스 부원장

개발 위원

- 이상섭 건양대학교병원 의학과
- 최이선 닥터맘심리연구소 소장

E-CLIP

Emotional Creative Leadership Improvement Program
감성적 창의 주도성 향상 프로그램

　4차 산업혁명 시대에 사회가 바라는 인재상과 역량은 기존과는 전혀 다릅니다. 현존하는 많은 직업이 인공지능(AI)으로 대체되고, 새로운 직업군이 만들어지는 등 직업의 개념이 바뀔 것입니다. 우리는 이런 변화에 대처하기 위해서는 자신만의 특성을 찾고 고유한 능력을 개발해야 합니다. 4차 산업혁명 시대를 대비해 '나는 누구인가?', '나는 어떤 능력을 준비해야 하는가?'에 대한 고민이 필요하며, 그 물음에 대한 해답이 바로 'E-CLIP'입니다.

　'E-CLIP'은 자기주도학습의 최고 권위자 송인섭 교수와 수십 명의 연구진이 20년 동안 개발한 '자생력 기반 자기주도학습 프로그램'으로 학습자 고유의 감성적 창의성을 계발하여 스스로 자신이 처한 환경 전반을 이끌어 갈 수 있는 인재를 기르는 교육입니다. E-CLIP의 바탕을 이루는 '자생력(감성적 창의성)'은 하늘에서 뚝 떨어진 새로운 개념도 천재적인 번뜩임 같은 특출한 능력도 아닙니다. 누구나 교육으로 익힐 수 있는 능력입니다. '자생력(감성적 창의성)'은 공부의 기틀을 다지는 힘이며 이것은 기계와 차별화되는 인간만의 본성인 감성에 일상의 다양한 문제와 활동을 새롭게 배열하고 통합하고 연결하는 창의성을 더한 개념입니다. 즉, 인공지능에는 없는 인간다움, 인간만이 할 수 있는 능력인 생각하는 능력, 상상력, 문화, 예술, 철학, 역사의식, 신념과 꿈을 실현하려는 확고한 의지 등이 바로 '자생력(감성적 창의성)'입니다.

　E-CLIP 학습자가 된다는 것은 첫째, 학습의 주도권이 외부 환경으로부터 학습자에게 옮겨오는 것을 뜻합니다. 학업 성취 수준과 관계없이 스스로 학습하는 습관을 형성하고 위기를 극복하는 내적인 힘을 키우는 것입니다. 이 내적인 힘은 학습자가 경험하는 다른 상황에도 전이되어 학습자의 내면적 성장을 돕습니다. 둘째, 학습 성향 진단을 통해 문제점을 보완하고 자신에게 맞는 방향을 찾아 잠재 능력을 개발할 수 있습니다. 셋째, 학습자들은 학습 행동을 주도하는 과정을 통해 학습 몰입 경험을 하게 되며 자기 생각을 표현하고 다른 사람과 소통할 수 있는 능력을 기르게 됩니다. 이렇듯 자생력을 기반으로 하는 E-CLIP은 자신의 목표와 가치를 온전히 펼칠 수 있는 최선의 방법이며 전인적 자아실현을 통해 행복한 삶의 길을 열어 줄 것입니다.

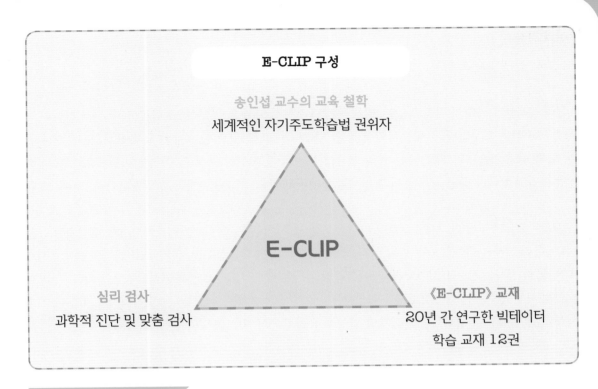

송인섭 교수의 교육 철학

세계적인 자기주도학습법 권위자

송인섭 교수는 지나친 사교육으로 교육의 본질에 대한 심각한 문제가 대두되던 시기에 자기주도학습을 통해 한국 교육에 변화를 불러일으켰습니다. 그 후 수십 명의 전문 연구진과 교육심리학 이론을 배경으로 학습자들을 개별 관찰, 상담하며 학습자가 공부를 하는 이유와 배경이 무엇인지 찾는 과정에서 자생력이라는 개념을 새롭게 정의했습니다.

송인섭 교수의 교육 철학이 그대로 담긴 자생력은 인간만의 고유한 능력인 감성에 창의성을 겸비한 것으로, 심리학에서 가져온 개념입니다. 자생력의 뿌리가 되는 구성인자는 통찰력 있는 창의성, 통찰력 있는 융합, 통찰력 있는 리더십입니다. 통찰은 개개인의 능력이나 환경에 좌우되지 않고 경험의 축적과 노력 여하에 따라 향상될 수 있는 지극히 감성적인 요소입니다. 통찰 위에 창의적인 생각이 움트고, 정보와 지식을 연결하는 융합적 사고와 사회적 리더십을 발휘할 때 비로소 자생력이 완성됩니다.

이를 바탕으로 개발된 'E-CLIP'은 세계적인 자기주도학습법 권위자 송인섭 교수의 20년 연구 결정체입니다. 자생력을 과학적으로 측정하기 위한 심리 검사와 자생력을 증진하고 계발하기 위한 《E-CLIP》 교재의 상호작용을 통해 학습자의 '공부하는 힘'을 향상시키고 있습니다.

과학적 진단 및 맞춤 검사

심리 검사는 학습자가 가지고 있는 '감성적 창의 주도성' 수준을 과학적으로 진단해서 현재 강점과 약점을 확인하는 도구입니다. 학습자의 특성을 정확하게 진단하고 이를 토대로 교육 프로그램을 이수하는 데 목적이 있습니다. 학습자는 심리 검사의 개인 맞춤형 성향 분석 및 결과를 바탕으로, 교육심리 전문가와의 1 대 1 상담을 통해 학습 문제를 이해하고 학습 방향을 설계할 수 있습니다.

검사는 종합적 자생력 검사 1종과 동기, 인지, 몰입, 자아존중감 등 개별 검사 5종으로 구성되어 있습니다. 동기 검사는 《E-CLIP》 1권, 인지 검사는 《E-CLIP》 2권과 3권, 동기 심화 검사는 《E-CLIP》 4권, 몰입 검사는 《E-CLIP》 5권, 자아존중감 검사는 《E-CLIP》 6권과 연결되어 있습니다. 그리고 종합적 자생력 검사는 《E-CLIP》 1~12권에 나오는 모든 특성을 점검할 수 있는 검사로, 《E-CLIP》 시작 전과 후에 각각 검사하면 학습자의 '감성적 창의 주도성' 변화를 알아볼 수 있습니다.

심리 검사 방법

심리 검사는 간편하고 빠르게 개인별 수준을 점검할 수 있는 'Short-Form 무료 검사'와 표준화된 검사 시스템인 'Long-Form 심층 검사'로 나뉩니다. 각 검사의 이용 방법은 아래와 같습니다.

Short-Form 무료 검사

다산전인교육캠퍼스 홈페이지(www.dasaneducation.co.kr)에서 PDF 다운로드를 통해 무료로 검사할 수 있습니다. 즉각적인 진단을 통해 바로 《E-CLIP》 학습을 원하는 경우에 추천합니다.

PDF 다운로드

www.dasaneducation.co.kr 접속 > 심리 검사 > Short-Form 무료 검사

Long-Form 심층 검사

다산전인교육캠퍼스 홈페이지(www.dasaneducation.co.kr)에서 오프라인 심층 검사를 신청할 수 있습니다. 전문적인 검사로 학습자의 특성을 깊이 있게 파악하고, 전문가의 상담을 원하는 경우에 추천합니다.

신청 및 이용 방법

www.dasaneducation.co.kr 접속 > 심리 검사 > Long-Form 심층 검사

《E-CLIP》 교재

20년 간 연구한 빅데이터 학습 교재 12권

《E-CLIP》은 송인섭 교수가 전문 연구진들과 8,950명의 학습자를 대상으로 20년 간 연구한 결과물에 학습 만화 《who?》의 위인 이야기를 더해서, 쉽고 재미있게 감성적 창의 주도성을 높이는 학습서입니다. 본 교재는 1~12권으로 나누어져 있으며, 심리 검사 결과를 바탕으로 학습자 수준에 맞춰 권 별 집중 학습 및 개별 수업을 진행할 수 있습니다.

《E-CLIP》의 주제

권	주제	학습 목표	프로그램		
			학습 동기 향상 프로그램	학습 목표 향상 프로그램	진로 설계 향상 프로그램
1	동기	능동적 학습의 시작	1단계 집중 학습		
2	인지	자생적 인지 학습			
3	인지 심화	인지 능력 향상		2단계 집중 학습	
4	동기 심화	동기 향상 및 유지			
5	몰입	깊은 학습 몰입			
6	자아존중감	내면적 성숙			
7	창의성	창의성 계발			3단계 집중 학습
8	창의성 심화	창의성 학습 확장			
9	감성	감성 계발			
10	감성 심화	정서 발달 촉진			
11	사회성	사회성 계발			
12	사회성 심화	사회성 증진			

1. 도입

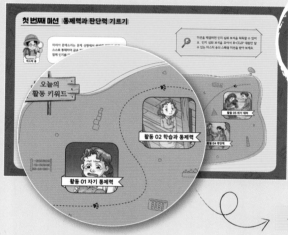

세계 위인과 함께 떠나는 탐험 미션입니다.
미션 속 5가지 활동을 키워드로 살펴봅니다.

활동 키워드로 미션 시작하기

2. 활동

위인 이야기로 활동 알아보기

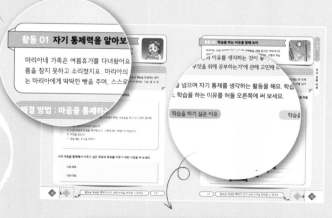

이야기로 흥미를 유발하고, 활동 문제를 풀면서 E-CLIP 개념을 내재화합니다.

E-CLIP 개념으로 활동 문제 풀기

1. 전문적이다! 송인섭 교수의 '공부의 힘을 기르는 20년 연구 완결판'

2. 체계적이다! '개인별 진단 심리 검사'와 '맞춤형 학습 교재'로 만나는 진짜 솔루션

3. 재미있다! '학습 만화 《who?》의 위인'과 함께 떠나는 미션 대탐험

3. 평가

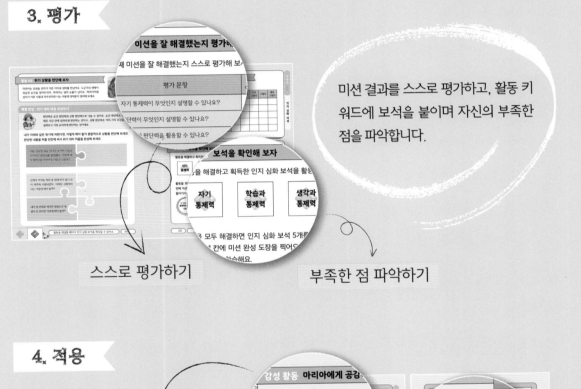

미션 결과를 스스로 평가하고, 활동 키워드에 보석을 붙이며 자신의 부족한 점을 파악합니다.

스스로 평가하기

부족한 점 파악하기

4. 적용

감성 활동하기

위인의 상황에 공감하고 나만의 시각으로 접근하면서 감성과 창의성을 향상합니다.

창의 활동하기

차례

E-CLIP 연구진
E-CLIP 소개
이 책의 구성과 특징

세계 위인과 함께 해결하는
자생력 UP **인지 심화 미션**

세계 위인을 만나는
자생력 UP **인지 심화 이야기**

부록
미션 가이드

세계 위인과 함께 해결하는

자생력 UP

인지 심화 미션

마리아 몬테소리와 함께 인지 심화 보석을 모으자!

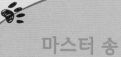

마스터 송

생애 : 미스터리

국적 : 한국

직업 : 아이들이 미션을 해결하는 데
　　　도움을 주는 안내자

마리아 몬테소리

생애 : 1870~1952년

국적 : 이탈리아

직업 : 교육자, 의사

주요 업적 : 몬테소리 교육법 창시자,
　　　　　이탈리아 최초의 여성 의사

마리아 몬테소리와 함께 인지 심화 보석을 모으자!

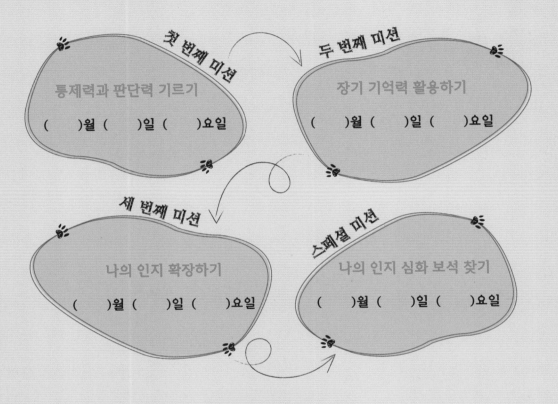

첫 번째 미션
통제력과 판단력 기르기

( )월 ( )일 ( )요일

두 번째 미션
장기 기억력 활용하기

( )월 ( )일 ( )요일

세 번째 미션
나의 인지 확장하기

( )월 ( )일 ( )요일

스페셜 미션
나의 인지 심화 보석 찾기

( )월 ( )일 ( )요일

 위인 이야기

어려서부터 세상에 꼭 필요한 사람이 되고 싶었던 마리아는 이탈리아 최초의 여성 의사가 되었어요. 그리고 어린 환자들을 돌보며 어린이가 교육으로 바뀔 수 있다는 것을 알았지요. 그래서 마리아는 어린이를 위한 집과 어린이를 위한 교육법을 만들었어요.

첫 번째 미션 통제력과 판단력 기르기

마스터 송

마리아 몬테소리는 문제 상황에서 올바른 판단을 하고, 스스로 통제하며 꿈을 향해 나아간 사람이에요. 마리아와 함께 인지를 더 깊이 알아보면서 미션을 해결해 보세요.

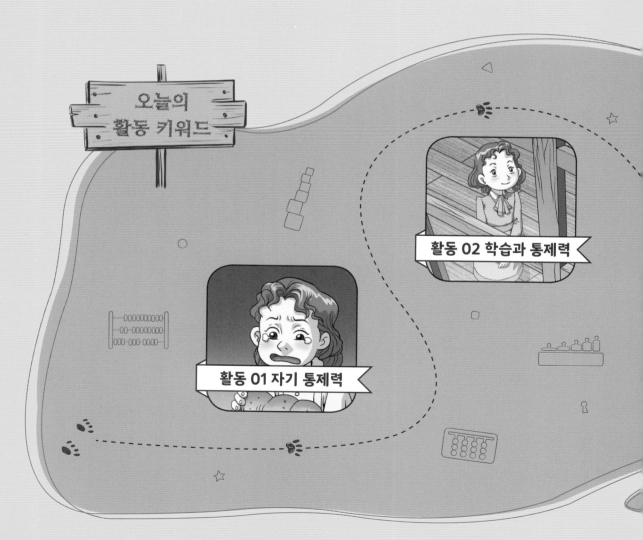

오늘의
활동 키워드

활동 02 학습과 통제력

활동 01 자기 통제력

미션을 해결하면 인지 심화 보석을 획득할 수 있어요. 인지 심화 보석을 모아서 E-CLIP 대원만 알 수 있는 마스터 송의 스페셜 미션을 받아 보세요.

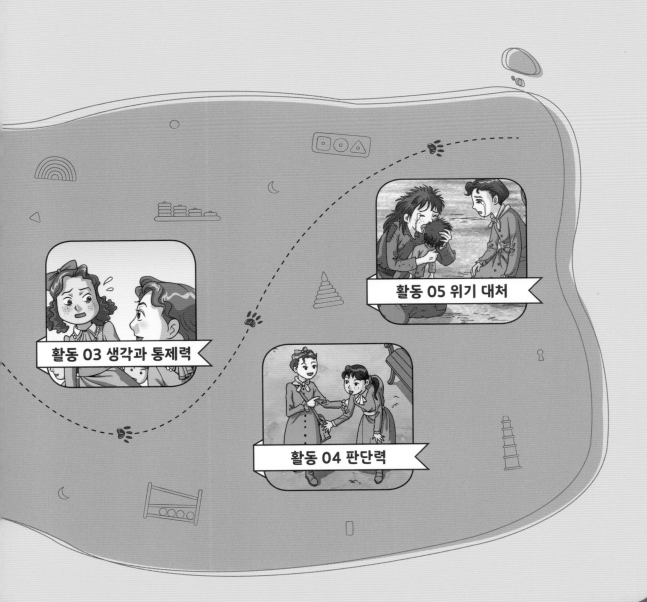

활동 05 위기 대처

활동 03 생각과 통제력

활동 04 판단력

활동 01 자기 통제력을 알아보자

마리아네 가족은 여름휴가를 다녀왔어요. 마리아는 집에 오자마자 배고 픔을 참지 못하고 소리쳤지요. 마리아의 어머니는 잠깐도 기다리지 못하 는 마리아에게 딱딱한 빵을 주며, 스스로 통제하는 법을 가르쳤어요.

해결 방법 : 마음을 통제하는 방법 알기

자기 통제력은 올바른 방향으로 가기 위해 스스로 마음과 행동을 조절하는 힘이에요. 마음을 통제하는 대표적인 방법에는 자기 암시가 있어요. '나는 할 수 있다'와 같은 자기 암시는 심리적인 효과가 있어요.

마음을 스스로 통제하는 7가지 방법을 큰 소리로 읽어 보세요.

1. 먼저 나의 마음 상태를 알아본다.
2. 당장 눈앞의 감정에 집착하지 않는다.
3. 감정이 고조되었을 때는 감정을 드러내기 전에, 심호흡을 하고 다시 한번 생각해 본다.
4. 나를 남들과 비교하지 않는다.
5. 나의 장점과 단점을 생각해 보고, 나에게 맞는 방법으로 학습한다.
6. 자신을 믿는다.
7. 힘들 때는 휴식을 취한다.

나의 마음을 통제해서 이루고 싶은 목표와 목표를 이루기 위한 다짐을 써 보세요.

나의 목표 :

나의 다짐 :

활동 02 학습을 하는 이유를 말해 보자

마리아는 수업 시간에 힘없고 가난한 사람들을 위해 봉사한 카타리나의 이야기를 듣고, 커서 좋은 일을 하는 사람이 되고 싶었어요. 그래서 학습에 관한 호기심을 넘어, 학습을 하는 이유를 생각했지요.

해결 방법 : 나만의 허들 넘기

자기 통제를 위해 노력해도 학습을 하기 싫을 때가 있어요. 이럴 때는 한 단계 높은 수준의 이유를 생각하는 것이 좋아요. 단순히 '무엇을 공부하는가'를 넘어서 '무엇을 위해 공부하는가'에 관해 고민해 보는 것이에요.

나만의 허들을 넘으며 자기 통제를 생각하는 활동을 해요. 학습을 하기 싫은 이유를 허들 왼쪽에 쓰고, 학습을 하는 이유를 허들 오른쪽에 써 보세요.

학습을 하기 싫은 이유

학습을 하는 이유

활동을 해결할 때마다 인지 심화 보석을 획득할 수 있어요.

마리아의 친구들은 수학을 좋아하는 마리아를 신기해했어요. 친구들은 학교 공부가 재미없고, 그중 수학은 더 재미없다고 말했지요. 공부에 관해 좋은 생각을 하는 마리아와 그렇지 않은 친구들은 앞으로 어떻게 다를까요?

해결 방법 : 나쁜 생각에 ×표 하기

사람은 누구나 좋은 생각과 나쁜 생각을 모두 하며 살아요. 학습과 관련된 나쁜 생각은 공부는 하기 싫고 놀고만 싶은 마음이에요. 나쁜 생각을 줄이고 좋은 생각을 많이 해야 자기 통제력을 높일 수 있어요.

지금 하고 있는 생각을 좋은 생각과 나쁜 생각으로 나누어 쓰고, 나쁜 생각에 ×표를 해서 나쁜 생각을 생각의 밖으로 몰아내 보세요.

나의 생각	
좋은 생각	나쁜 생각
예) 학습 계획을 세우고 싶다.	예) 종일 게임만 하고 싶다.

활동 04 판단력을 알아보자

마리아는 장애가 있어 괴롭힘을 당하는 클라라를 구해 주고, 우정을 나누었어요. 몸이 불편한 클라라와 어울린다고 수군거리는 사람들도 있었지만, 마리아는 어려서도 옳고 그름을 판단할 줄 아는 사람이었지요.

해결 방법 : 판단 문제 풀기

판단력은 어떤 것에 대해 무엇이 옳고 그른지를 구분하고 선택하는 능력이에요. 판단력이 좋은 사람은 학습이나 일을 할 때, 짧은 시간에 많은 것을 할 수 있어요.

아래 문제를 각각 30초 동안 풀어 보세요. 30초가 지나면 다음 문제로 넘어가세요.

1. 횡단보도에서 초록 불을 기다리던 마리아는 갑자기 급한 일이 생각났어요. 마리아가 할 행동 중 옳은 것을 <u>모두</u> 골라 보세요.
   ① 빨간불을 무시하고 횡단보도를 뛰어간다.
   ② 차를 잘 피하면서 횡단보도를 건넌다.
   ③ 초록 불을 기다린 후, 횡단보도를 건넌다.
   ④ 육교나 골목길로 돌아간다.

2. 아래 문장들을 순서에 맞게 써 보세요.

> ① 하지만 마리아는 여전히 배가 고팠다.
> ② 마리아는 점심에 떡국을 맛있게 먹었다.
> ③ 그래서 간식으로 바삭한 과자를 먹었다.

	➡		➡	

시험을 볼 때는 위의 문제처럼 정해진 시간 안에 문제를 풀어야 해요. 시험 시간에 시간이 부족하면 어떻게 할지 나만의 판단을 이야기해 보세요.

활동 05 위기 상황을 판단해 보자

마리아는 공원을 걷다가 아픈 아이와 엄마를 만났어요. 누군가의 생명이 위급한 순간을 맞닥뜨리자, 마리아는 덜컥 눈물이 났지요. 마리아처럼 갑자기 아픈 사람과 마주친다면 나는 어떻게 대처할지 생각해 보세요.

해결 방법 : 위기 대처 퍼즐 완성하기

판단력은 순간 판단력과 상황 판단력으로 나눌 수 있어요. 순간 판단력은 정해진 시간 안에 침착하게 판단하는 것이고, 상황 판단력은 여러 가지 조건을 살펴보고 가장 유리하게 판단하는 것이에요.

내가 아래와 같은 위기에 처한다면, 어떻게 해야 할지 종합적으로 상황을 판단해 보세요. 판단한 내용을 퍼즐 빈칸에 써서 위기 대처 퍼즐을 완성해 보세요.

여름 한낮에 길을 걷다가 우연히 더위로 쓰러지신 할머니를 발견했다. 어떻게 해야 할머니를 안전하게 구할 수 있을까?

산에서 야영을 하던 중 밤새 비가 많이 와서 계곡에 고립되었다. 이러한 상황에서 나는 어떻게 해야 할까?

내가 첫 번째로 생각한 방법으로 해결이 안 된다면 어떻게 해야 할까?

미션 평가　미션을 잘 해결했는지 평가해 보자

첫 번째 미션을 잘 해결했는지 스스로 평가해 보세요.

평가 문항	매우 아니다	아니다	그저 그렇다	그렇다	매우 그렇다
1. 자기 통제력이 무엇인지 설명할 수 있나요?					
2. 판단력이 무엇인지 설명할 수 있나요?					
3. 통제력과 판단력을 활용할 수 있나요?					
4. 첫 번째 미션에 흥미를 가지고 참여했나요?					
5. 첫 번째 미션에 최선을 다하여 참여했나요?					

미션 완성　보석을 확인해 보자

활동을 해결하고 획득한 인지 심화 보석을 활동 키워드에 맞게 붙여 보세요.

자기 통제력　　학습과 통제력　　생각과 통제력　　판단력　　위기 대처

활동을 모두 해결하면 인지 심화 보석 5개를 모을 수 있어요. 보석을 모두 획득하면, 첫 번째 미션 칸에 미션 완성 도장을 찍어요! 보석을 모두 획득하지 못했으면, 그 활동으로 돌아가서 다시 학습해요.

첫 번째 미션
통제력과 판단력
기르기 ── 두 번째 미션
장기 기억력
활용하기 ── 세 번째 미션
나의 인지 확장하기 ── 스페셜 미션
나의 인지 심화
보석 찾기

　활동을 해결하면서 모은 인지 심화 보석을 모두 붙여 보세요!

두 번째 미션 장기 기억력 활용하기

마스터 송

나만의 기억 방법이 있나요? 뛰어난 기억력으로 차별 속에서도 우수한 성적으로 학교를 졸업한 마리아 몬테소리와 함께 미션을 해결해 보세요!

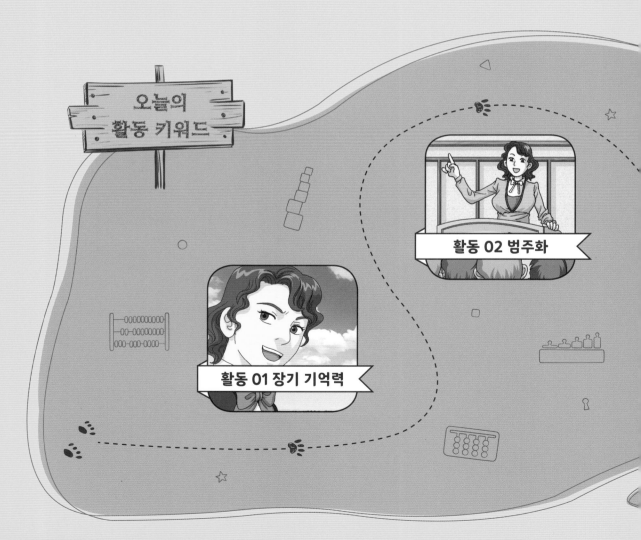

오늘의 활동 키워드

활동 02 범주화

활동 01 장기 기억력

미션을 해결하면 인지 심화 보석을 획득할 수 있어
요. 인지 심화 보석을 모아서 E-CLIP 대원만 알
수 있는 마스터 송의 스페셜 미션을 받아 보세요.

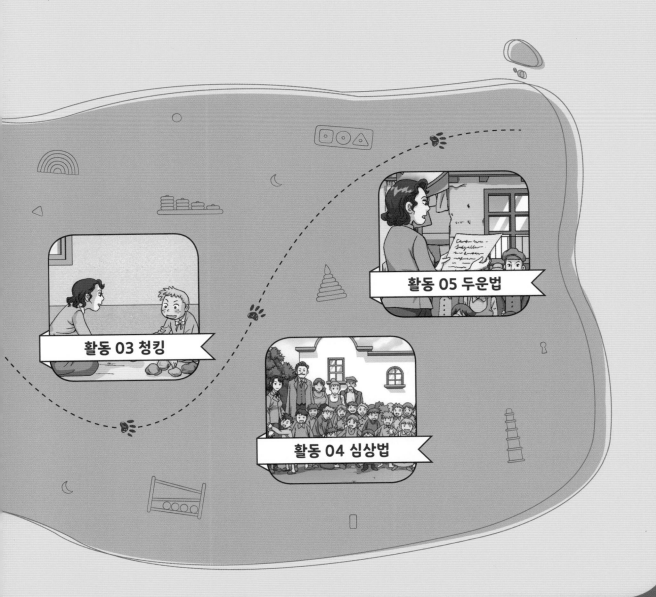

활동 05 두운법

활동 03 청킹

활동 04 심상법

마리아는 남녀를 차별하는 의과 대학에서 제일 높은 성적을 받았어요. 친구들이 비결을 묻자, 마리아는 이해할 때까지 공부하고, 필요한 것보다 더 많이 외웠다고 했지요. 마리아처럼 나만의 학습 비결이 있나요?

해결 방법 : 나만의 기억 방법 찾기

장기 기억력은 배우고 경험한 것을 오랫동안 기억하는 능력으로, 컴퓨터의 하드디스크의 기능과 비슷해요. 작업 기억에서 저장할 필요가 있는 정보는 인지 처리 과정을 거쳐서 장기 기억에 보관되어요.

보기 의 단어를 확실히 암기할 때까지 반복해서 써 보세요. 단어를 가리고 3분이 지난 후에 순서대로 기억해서 이야기해 보세요.

보기

돼지, 나뭇잎, 바람, 별, 과자, 우정, 사각형

단어를 반복해서 쓰는 것은 기억 방법 중 하나예요. 단어를 오랫동안 기억하는 나만의 방법에는 무엇이 있는지 써 보세요.

활동 02 범주화해서 외워 보자

의사가 된 마리아는 장애를 가진 아이들이 죄를 지은 사람으로 분류되는 것이 안타까웠어요. 그래서 장애아를 정상적인 성인으로 자랄 수 있는 일반인으로 범주화해야 한다고 연설했지요.

해결 방법 : 단어 분류하기

장기 기억력은 기억을 잘하게 도와주는 의도적인 전략인 기억술로 높일 수 있어요. 기억술 중 하나인 범주화는 비슷한 것끼리 묶어서 외우는 전략이에요.

범주화의 예를 보고, 아래 단어들을 어떤 범주로 묶을 수 있는지 써 보세요.

예) 비, 눈, 바람, 안개, 해

범주 : | 날씨 |

1. 축구, 야구, 수영, 배구, 하키, 체조, 배드민턴

범주 : | |

범주화를 이용해서 아래 단어를 분류하고, 어떤 범주로 묶었는지 써 보세요.

개나리	칫솔	노랑	샴푸
파랑	튤립	비누	장미
치약	무궁화	진달래	보라
빨강	수건	초록	코스모스

_____

_____

활동을 해결할 때마다 인지 심화 보석을 획득할 수 있어요.

마리아는 아이들을 각자에게 맞는 방법으로 가르쳤어요. 돌멩이를 좋아하는 아이에게는 돌멩이를 옮기며 숫자를 가르쳤지요. 무언가를 학습하고 기억하는 방법은 사람마다 달라요. 나에게 맞는 기억 방법을 찾아보세요.

해결 방법 : 단어 묶어서 외우기

청킹은 단어들을 의미 있는 묶음으로 만들어서 외우는 방법이에요. 특징이나 규칙 없이 나뉘어 있는 내용을 기억하는 것보다 정보를 의미 있게 묶어서 몇 개의 덩어리로 기억하는 것이 더 쉬워요.

아래 딸기의 개수를 외워 보세요.

딸기의 개수는 비슷한 위치에 있는 것끼리 묶으면 쉽게 외울 수 있어요. 아래 숫자도 묶어서 외워 보고, 어떻게 외웠는지 이야기해 보세요.

3 0 1 8 1 5

7 7 1 7 1 0 3 1 0 9

활동 04 머릿속에 그리면서 기억하자

마리아는 어린이를 위한 교육을 연구했어요. 그러던 어느 날, 마리아는 가난한 가정의 아이들을 위해 어린이의 집이라는 뜻의 '카사 데이 밤비니'를 열었지요. '카사 데이 밤비니'의 뜻은 어떻게 기억하면 좋을까요?

해결 방법 : 기억 그림 그리기

심상법은 기억해야 하는 내용을 특정 상황 등과 연관 지어 머릿속에 그리는 방식으로 기억하는 방법이에요. 외워야 할 내용을 그림으로 만들면, 쉽게 오랫동안 기억할 수 있어요.

아래 그림은 영어 단어를 쉽게 기억하기 위해 단어와 관련 있는 상황을 그린 것이에요. 이 방법으로 영어 단어를 외워 보세요.

hook : 갈고리

동화 《피터 팬》에 나오는 후크 (Hook) 선장은 손이 **갈고리** 모양이에요.

영어책에 있는 단어를 골라서 아래에 그림으로 그려 보세요. 그리고 그림으로 그리는 방법과 바로 외우는 방법 중 어떤 것이 더 잘 외워지는지 이야기해 보세요.

활동을 해결할 때마다 인지 심화 보석을 획득할 수 있어요.

마리아는 카사 데이 밤비니에서 지낼 아이들에게 이곳에서 지켜야 할 5가지 규칙을 읽어 주었어요. 마리아가 읽은 규칙처럼 많은 내용을 외우려면 어떤 기억 방법을 이용할 수 있을까요?

해결 방법 : 두운법으로 외우기

두운법은 기억하려는 단어들의 앞 글자를 합쳐서 기억하는 방법이에요. 두운법은 청킹이나 범주화 등 다른 기억 방법과 조합하기 쉬워서 많이 이용되어요.

조선 시대의 왕을 나타낸 연표예요. 두운법을 사용해서 조선의 왕을 시간 순서대로 외워 보세요. 그리고 연표를 가리고 빈칸에 들어갈 왕을 순서대로 써 보세요.

조선의 왕

① 태조 - ② 정종 - ③ 태종 - ④ 세종 - ⑤ 문종 - ⑥ 단종 - ⑦ 세조
⑭ 선조 - ⑬ 명종 - ⑫ 인종 - ⑪ 중종 - ⑩ 연산군 - ⑨ 성종 - ⑧ 예종
⑮ 광해군 - ⑯ 인조 - ⑰ 효종 - ⑱ 현종 - ⑲ 숙종 - ⑳ 경종 - ㉑ 영조
㉗ 순종 - ㉖ 고종 - ㉕ 철종 - ㉔ 헌종 - ㉓ 순조 - ㉒ 정조

조선의 왕

① - ② - ③ - ④ - ⑤ - ⑥ - ⑦
⑭ - ⑬ - ⑫ - ⑪ - ⑩ - ⑨ - ⑧
⑮ - ⑯ - ⑰ - ⑱ - ⑲ - ⑳ - ㉑
㉗ - ㉖ - ㉕ - ㉔ - ㉓ - ㉒

미션 평가 미션을 잘 해결했는지 평가해 보자

두 번째 미션을 잘 해결했는지 스스로 평가해 보세요.

평가 문항	매우 아니다	아니다	그저 그렇다	그렇다	매우 그렇다
1. 장기 기억력이 무엇인지 말할 수 있나요?					
2. 다양한 기억 방법을 설명할 수 있나요?					
3. 나만의 기억 방법을 이야기할 수 있나요?					
4. 두 번째 미션에 흥미를 가지고 참여했나요?					
5. 두 번째 미션에 최선을 다하여 참여했나요?					

미션 완성 보석을 확인해 보자

활동을 해결하고 획득한 인지 심화 보석을 활동 키워드에 맞게 붙여 보세요.

장기 기억력　범주화　청킹　심상법　두운법

활동을 모두 해결하면 인지 심화 보석 5개를 모을 수 있어요. 보석을 모두 획득하면, 두 번째 미션 칸에 미션 완성 도장을 찍어요! 보석을 모두 획득하지 못했으면, 그 활동으로 돌아가서 다시 학습해요.

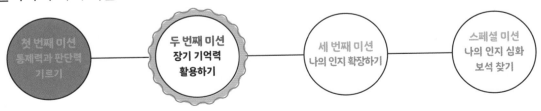

활동을 해결하면서 모은 인지 심화 보석을 모두 붙여 보세요!

세 번째 미션 나의 인지 확장하기

마스터 송

내가 무엇을 알고 무엇을 모르는지 이야기할 수 있나요?
마리아 몬테소리가 어떻게 메타인지를 잘 이용했는지
알아보면서 미션을 해결해 보세요!

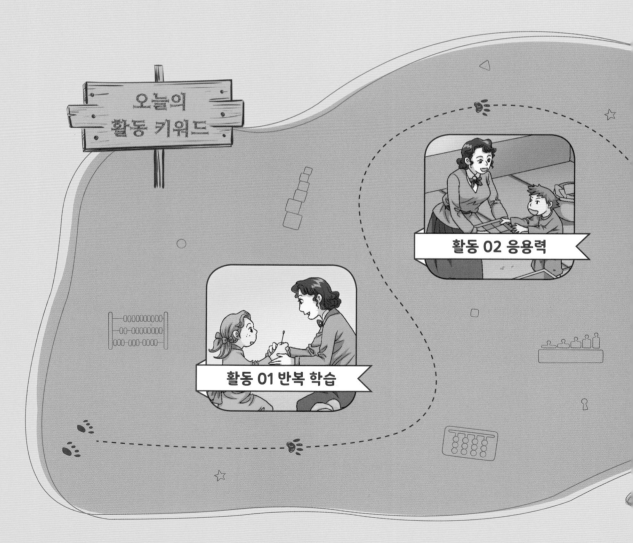

오늘의
활동 키워드

활동 02 응용력

활동 01 반복 학습

미션을 해결하면 인지 심화 보석을 획득할 수 있어요. 인지 심화 보석을 모아서 E-CLIP 대원만 알 수 있는 마스터 송의 스페셜 미션을 받아 보세요.

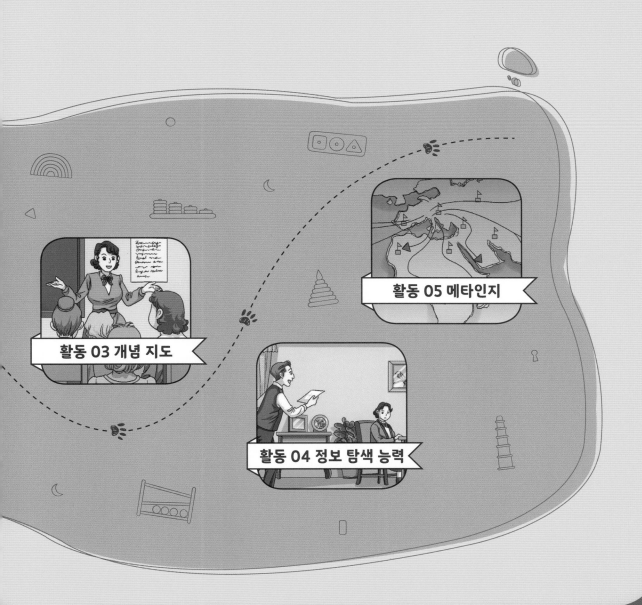

활동 05 메타인지

활동 03 개념 지도

활동 04 정보 탐색 능력

마리아의 노력으로 어린이의 집 아이들은 스스로 책을 읽을 수 있게 되었어요. 아이들이 글자를 잊지 않고 책을 읽게 하기 위해 마리아는 어떤 노력을 했을까요?

해결 방법 : 그래프 이해하기

반복 학습은 이미 학습한 내용을 다시 공부하는 일이에요. 내용을 전부 암기했더라도 시간이 흐르면 기억나지 않는데, 이것을 '망각'이라고 해요. 망각을 막을 수 있는 최선의 방법은 반복 학습이에요.

아래 그림을 살펴보고, 빈칸에 알맞은 말을 써 보세요.

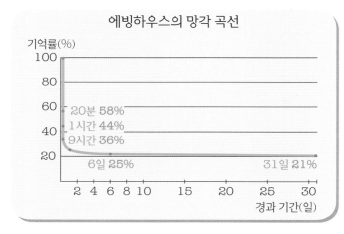

에빙하우스의 망각 곡선

기억률(%)

20분 58%
1시간 44%
9시간 36%
6일 25%   31일 21%

2 4 6 8 10   15   20   25   30
경과 기간(일)

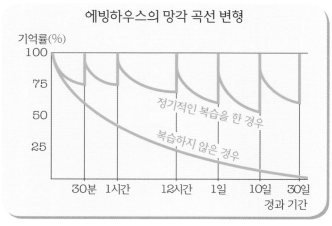

에빙하우스의 망각 곡선 변형

기억률(%)

정기적인 복습을 한 경우
복습하지 않은 경우

30분 1시간   12시간   1일   10일 30일
경과 기간

첫 번째 그림은 에빙하우스의 망각 곡선이에요. 망각 곡선은 시간이 지날수록 기억하고 있는 내용이 줄어드는 것을 표현한 그래프예요. 두 번째 그림은 에빙하우스의 망각 곡선을 복습한 경우와 복습하지 않은 경우로 비교한 그래프예요. 학습한 내용을 오랫동안 기억하려면, 망각이 일어나는 시기에 맞게 (㉮)을 하는 것이 중요해요. (㉮)을 하면 다음 망각 시기가 늦춰져요.

㉮ :

활동 02 응용력을 높여 보자

마리아는 지진으로 어려움을 겪는 아이들을 위해 두 번째 어린이의 집을
지었어요. 이곳의 아이들도 교구를 이용해서 놀이하는 것을 좋아했지요.
교구를 학습에 어떻게 활용할 수 있을지 응용력을 이용해 생각해 보세요.

해결 방법 : 핵심어 찾아 관계 짓기

응용력은 학습한 내용을 구체적인 상황이나 다른 일에 적용하는 것이에요. 개념을
확장하고 심화 문제를 풀려면 응용력이 필요해요. 응용력은 관계 짓기로 높일 수
있는데, 이것은 관련이 없어 보이는 정보끼리 연결하는 것이에요.

보기 를 읽고, 문단 전체를 포괄하는 핵심어를 찾아 동그라미 해 보세요.

보기

> 태풍 이름은 미리 정해 놓았다가 태풍이 발생하면 순서대로 붙입니다. 태풍 이름을 맨 처음 붙
> 인 곳은 미국의 괌에 있는 태풍 합동 경보 센터입니다. 처음에 이곳에서는 태풍의 거센 기운을
> 잠재우길 바라는 마음으로 부드러운 이름을 붙였다고 합니다.

보기 를 다시 읽고, 태풍 이름처럼 과학적이지 않은 믿음을 바라는 경우에는 또 어떤 것이
있는지 써 보세요.

예) 운세, 부적 등
_____
_____
_____
_____
_____

활동을 해결할 때마다 인지 심화 보석을 획득할 수 있어요.

마리아가 만든 어린이의 집이 알려지자, 많은 사람이 마리아의 교육법을 배우려 했어요. 마리아는 아이들을 돌보면서 교사를 가르치는 일도 했지요. 다양한 활동을 한 마리아에 대해 정리하려면 어떤 방법이 좋을까요?

해결 방법 : 개념 지도 만들기

개념 지도는 중요한 개념을 중심으로 관련된 개념과 내용을 연결해서 알아보고 개념 간에 어떤 관계가 있는지를 이해하는 것이에요. 개념 지도는 학습 내용을 정리하는 데 도움이 되어요.

가운데 빈칸에 내 이름을 쓰고, '나'에 관한 개념 지도를 만들어 보세요.

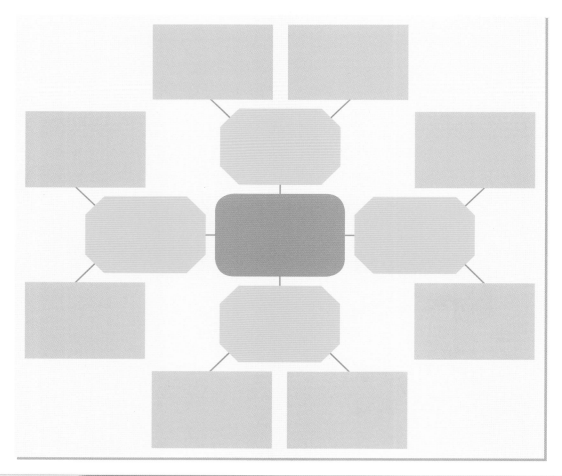

활동 04 정보 탐색 능력을 키워 보자

마리아는 어느새 세계가 주목하는 교육자가 되었어요. 그리고 어린이 교육을 시작하는 사람들은 누구나 마리아의 교육법을 알고 싶어 했지요. 마리아의 교육법에는 구체적으로 어떤 것이 있는지 알아볼까요?

해결 방법 : 마리아 소개하기

탐색 능력은 새로운 지식이나 깊이 알아보고 싶은 개념을 컴퓨터나 스마트폰 등을 이용해서 찾아보는 능력이에요. 4차 산업혁명 시대에 창의적이고 융합적인 사람이 되려면 필요한 능력이에요.

마리아에 관해 학습한 내용을 바탕으로 마리아를 더 알아보려고 해요. 컴퓨터, 스마트폰, 책 등으로 마리아를 조사해 보세요.

예) 직업, 좋아하는 것, 특징, 업적

_____

_____

조사한 내용을 바탕으로 친구들에게 마리아를 소개하는 글을 써 보세요.

마리아 몬테소리를 소개해요

_____

_____

_____

_____

_____

_____

활동을 해결할 때마다 인지 심화 보석을 획득할 수 있어요.

활동 05 메타인지를 활용하자

마리아는 스스로 교육학에 관한 지식이 부족함을 알고, 이를 보완하기 위해 대학교에서 교육학을 배웠어요. 이러한 노력으로 만들어진 몬테소리 교육법은 세계 각국 교육자들의 인정을 받으며 널리 퍼졌지요.

해결 방법 : 메타인지 이용하기

메타인지는 내가 무엇을 알고 모르는지에 대해 아는 것부터 모르는 부분을 보완하기 위한 계획과 그 계획의 실행 과정을 평가해 조절하는 모든 인지 과정을 말해요.

아래 질문에 '예' 또는 '아니요'로 대답을 써 보세요.

1. 우리나라의 수도가 어디인지 알고 있나요?

2. 미국에서 세 번째로 큰 도시가 어디인지 알고 있나요?

위의 질문에 바로 대답할 수 있었던 이유는 무엇인지 메타인지와 연결해서 써 보세요.

_____

_____

_____

_____

_____

_____

미션 평가 · 미션을 잘 해결했는지 평가해 보자

세 번째 미션을 잘 해결했는지 스스로 평가해 보세요.

평가 문항	매우 아니다	아니다	그저 그렇다	그렇다	매우 그렇다
1. 반복 학습이 왜 중요한지 말할 수 있나요?					
2. 응용력과 탐색 능력을 설명할 수 있나요?					
3. 메타인지를 활용할 수 있나요?					
4. 세 번째 미션에 흥미를 가지고 참여했나요?					
5. 세 번째 미션에 최선을 다하여 참여했나요?					

미션 완성 · 보석을 확인해 보자

활동을 해결하고 획득한 인지 심화 보석을 활동 키워드에 맞게 붙여 보세요.

반복 학습   응용력   개념 지도   정보 탐색 능력   메타인지

활동을 모두 해결하면 인지 심화 보석 5개를 모을 수 있어요. 보석을 모두 획득하면, 세 번째 미션 칸에 미션 완성 도장을 찍어요! 보석을 모두 획득하지 못했으면, 그 활동으로 돌아가서 다시 학습해요.

첫 번째 미션 통제력과 판단력 기르기 — 두 번째 미션 장기 기억력 활용하기 — 세 번째 미션 나의 인지 확장하기 — 스페셜 미션 나의 인지 심화 보석 찾기

활동을 해결하면서 모은 인지 심화 보석을 모두 붙여 보세요!

나의 인지 심화 보석 찾기

마스터 송

3가지 미션을 모두 해결하다니 대단해요. 앞의 미션을 완료한 대원에게 주는 마지막 스페셜 미션은 '나의 인지 심화 보석 찾기'예요. 마리아 몬테소리와 함께 알아본 인지를 떠올리며 나의 인지를 심화해 보세요!

탐구 활동

마리아의 인지를 알아보자

감성 활동

마리아에게 공감하며 명언 카드를 완성해 보자

창의 활동

'만약 내가 마리아라면?' 상상해 보자

마리아의 인지를 정리하고, 나의 인지 심화 보석 찾기로 연결해 보세요. 내가 어떤 일에 집중하고 어떻게 정보를 처리하는지 아는 것이 세상에서 가장 소중한 나만의 보석이에요.

주도성 활동

학습 방법을 활용해 보자

향상 활동

나의 인지 심화 능력을 판단해 보자

마리아를 인터뷰하고 있어요. 인터뷰를 읽고, 빈칸에 들어갈 대답을 이야기해 보세요.

안녕하세요, 마리아 선생님. 선생님께서는 몬테소리 교육법으로 노벨 평화상 후보에 오르셨는데요. 몬테소리 교육법은 무엇인가요?

몬테소리 교육법은 아이들이 적절한 환경에서 자유롭게 놀며, 감각으로 배우는 교육입니다. 아이들과 생활한 경험을 바탕으로 발전시킨 교육법입니다.

당시에는 아이를 그저 어른의 축소판으로만 생각했고, 어린이 교육은 사회에 적응하는 훈련이 전부였습니다. 이런 상황에서 어린이 교육 방법을 개발하기 위해 어떤 인지 과정을 거치셨나요?

그렇군요. 인터뷰 정말 감사드립니다. 마지막으로 선생님의 성공 비결은 무엇이었는지 한마디 해 주십시오.

제 성공 비결은 옳고 그름을 알맞게 판단하며 나아간 것입니다. 편견과 차별은 옳지 않다는 판단, 어린이만의 교육이 필요하다는 판단, 자유와 평화가 중요하다는 판단이 저를 이 자리까지 이끌었습니다. 저처럼 모두가 올바른 인지를 갖기를 바랍니다. 감사합니다.

감성 활동 마리아에게 공감하며 명언 카드를 완성해 보자

마리아의 명언 이야기를 읽고, 빈칸에 알맞은 말을 써 보세요.

어린이들은 모두 자기 안에
㉮ 을 가지고 있고,
㉯ 되기를 기다리고
있을 뿐이다.

마리아가 어린이의 집에서 아이들을 돌보고 있던 어느 날, 여왕이 찾아왔습니다. 여왕은 아이들의 모습을 보며 말했습니다.

"사실 난 가난한 도시의 소외된 아이들이 스스로 규율을 지키는 현명한 학생이 될 수 있으리라고는 생각하지 못했어요. 지금 내 눈앞에 펼쳐진 모습은 마치 기적처럼 느껴지네요."

여왕의 말을 들은 마리아는 말했습니다.

"어린이들은 모두 자기 안에 빛나는 보물을 가지고 있어요. 그리고 그것이 발견되길 기다리고 있죠. 가난하건, 부자이건, 부모가 배운 사람이건, 그렇지 않건 말이에요."

㉮ : _____   ㉯ : _____

나의 인지 심화 미션 달성률(%) | 20% | 40% | 60% | 80% | 100% |

창의 활동 '만약 내가 마리아라면?' 상상해 보자

마리아는 많은 차별에도 스스로 마음을 다잡으면서 열심히 공부해서 꿈을 이루었어요. 만약 마리아가 마음을 통제하지 못했다면, 어떻게 되었을지 써 보세요.

마리아는 꿈을 위해 많은 차별을 이겨내야 했어요. 당시 이탈리아에는 여성 의사가 없었고, 의사는 남자의 직업이라고 여겼어요. 대학에서도 남학생들은 여자라는 이유로 마리아를 무시하고 수업을 방해했지요. 하지만 마리아는 마음이 흔들릴 때마다 학교를 당당히 졸업하고 의사가 된 자신의 모습을 그리며, 마음을 다잡았어요. 그리고 마침내 의사가 되기 위한 모든 시험에 우수한 성적으로 합격했지요.

아래와 같은 상황에서 내가 마리아라면, 어떻게 했을지 써 보세요.

1915년, 마리아가 만든 교육법은 미국까지 알려졌어요. 한편 당시 이탈리아는 독재자 무솔리니가 정권을 잡고 있었지요. 무솔리니는 국가의 이익을 위해서 개인의 개성은 무시했고, 폭력으로 국민의 자유를 억압했어요. 무솔리니는 개인의 자유와 개성을 존중하는 마리아가 마음에 들지 않았지요. 무솔리니는 마리아가 만든 몬테소리 교육 기관을 없애고, 마리아의 가르침이 담긴 책을 모두 불태워 버렸어요.

주도성 활동 학습 방법을 활용해 보자

마리아는 차별 속에서도 열심히 공부해서 높은 성적을 받았어요. 마리아를 차별하던 친구들은 마리아에게 학습 비결을 물어보았지요. 나는 어떻게 공부하고 있는지 떠올리며, 앞에서 배운 학습 방법 중 하나를 골라 학습에 활용해 보세요.

예)

학습 방법	앞 글자만 따서 암기하기
과목	과학
활용	과학 시간에 배운 퇴적암 종류를 앞 글자만 따서 '이사역석'(이암, 사암, 역암, 석회암)으로 기억할 수 있다.

학습 방법	
과목	
활용	

나만의 학습 방법에는 어떤 것이 있는지 이야기해 보세요.

나의 인지 심화 미션 달성률(%)

20%	40%	60%	80%	100%

미션을 해결하면서 인지 능력 중 자기 통제력, 판단력, 장기 기억력, 응용력, 탐색 능력, 메타인지를 알아보았어요. 나의 인지 능력은 1점~9점 중 몇 점인지 각각 동그라미 해 보세요.

1. 자기 통제력

2. 판단력

3. 장기 기억력

4. 응용력

5. 탐색 능력

6. 메타인지

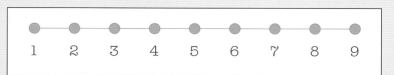

나의 인지 능력이 인지 심화 프로그램을 경험하기 전과 달라졌는지 이야기해 보세요.

미션 평가 미션을 잘 해결했는지 평가해 보자

스페셜 미션을 잘 해결했는지 스스로 평가해 보세요.

평가 문항	매우 아니다	아니다	그저 그렇다	그렇다	매우 그렇다
1. 마리아의 인지를 설명할 수 있나요?					
2. 나의 학습 방법을 이야기할 수 있나요?					
3. 나의 인지 심화 능력을 판단할 수 있나요?					
4. 스페셜 미션에 흥미를 가지고 참여했나요?					
5. 스페셜 미션에 최선을 다하여 참여했나요?					

미션 완성 미션을 확인해 보자

활동을 모두 해결하면 스페셜 미션 칸에 미션 완성 도장을 찍어요! 활동을 모두 해결하지 못했으면, 그 활동으로 돌아가서 다시 학습해요.

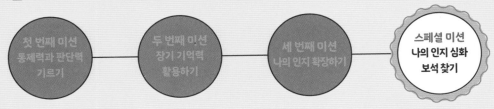

첫 번째 미션
통제력과 판단력
기르기

두 번째 미션
장기 기억력
활용하기

세 번째 미션
나의 인지 확장하기

스페셜 미션
나의 인지 심화
보석 찾기

이 단원에서 해결한 인지 심화 미션을 떠올리며, 나의 자생력은 무엇인지 이야기해 보세요. 자생력은 인공지능과 다른 인간만의 고유한 특성으로, 스스로 주도해서 자아실현의 길로 나아가게 만드는 힘이에요. 나는 모르는 것을 찾아, 스스로 학습하고 있나요?

* 마리아 몬테소리와 함께 인지 심화를 알아보았어요. 마리아와 같은 위인이 인지 심화 대회에 참가한다면 어떤 일이 일어날까요? 내가 직접 위인이 되어 역할극을 하면서 위인의 마음을 생각해 보세요.

* '세계 위인을 만나는 자생력 UP 인지 심화 이야기'에서는 에디슨, 베토벤, 오리아나가 위인 세계에 모여서 인지를 심화하는 이야기를 나누고 문제를 해결해 나가요. 이는 허구적인 내용을 바탕으로 '위인은 인지를 어떻게 높일까?'에 대해 상상하여 쓴 창작 대본이에요.

세계 위인을 만나는

자생력 UP

인지 심화 이야기

위인이 되어 역할극을 해 보자!

마스터 송

생애 : 미스터리

국적 : 한국

직업 : 아이들이 미션을 해결하는 데
　　　 도움을 주는 안내자

루트비히 판 베토벤

생애 : 1770~1827년

국적 : 독일

직업 : 음악가

주요 업적 : 음악의 성인으로 존경받는 천재 음악가,
　　　　　 〈영웅〉, 〈운명〉 등을 작곡함.

 위인 이야기

베토벤은 천재를 원했던 아버지의 학대 밑에서 가혹한 어린 시절을 보냈어요. 그는 청력을 잃어버린 음악가였지만, 시련에 맞서 싸우며 인생의 모든 경험이 담겨 있는 곡을 만들었지요. 그는 훗날 음악으로 사람들을 위로하는 '음악의 성인'이 되었어요.

토머스 에디슨

생애 : 1847~1931년

국적 : 미국

직업 : 발명가, 사업가, 기술자

주요 업적 : 축음기, 백열전구, 활동사진 촬영기, 키네토그래프
등을 발명함.

📖 위인 이야기

어린 시절 에디슨은 호기심이 너무 강해, 집 안은 물론 온 마을을 돌아다니며 사고를 치는 말썽꾸러기였어요. 이런 에디슨을 학교에서는 감당하지 못했기에 에디슨은 학교에서 쫓겨나기도 했지요. 하지만 에디슨의 호기심은 인류의 삶을 바꾼 발명품을 만드는 힘이 되었어요.

오리아나 팔라치

생애 : 1929~2006년

국적 : 이탈리아

직업 : 기자, 소설가

주요 업적 : 종군 기자로 활동함, 유명 인사들을 인터뷰함.

📖 위인 이야기

오리아나는 어린 시절 목숨을 위협하는 전쟁을 겪어야 했어요. 하지만 이때 부당한 권력에 대항하는 용기를 배웠지요. 어느덧 누구보다 씩씩한 기자가 된 오리아나는 세계를 지배하던 정치가들을 꼼짝 못 하게 했고, 전장을 누비며 생생한 기사를 쓸 수 있었어요.

평화로운 위인 세계에는 레오나르도 다빈치가 우승한 인지 대회가 끝나고 몇 달의 시간이 흘렀다. 그러던 어느 날, 마스터 송이 또 다른 대회를 여는데, 이번에는 팀으로 대결하는 인지 심화 대회라는 소식이 퍼진다. 이 소식을 들은 에디슨은 베토벤과 오리아나에게 대회에 같이 참가하자고 제안한다.

역할극 대본

에디슨과 베토벤, 오리아나가 나란히 공원에 앉아 있다.

에디슨

(벌떡 일어서며) 우리 진짜 인지 심화 대회에 나가야 해! 우리가 대회에 나가면 반드시 우승할 거야!

베토벤

(시큰둥한 표정으로) 넌 왜 대회에 나가고 싶은 거야? 상금이 많아?

에디슨

아니, 궁금하지 않아? 인지 심화 대회라는데 인지 능력이 좋은 사람들이 얼마나 많이 모일지, 어떤 재미있는 문제를 풀지 말이야.

오리아나

그래, 베토벤. 우리 대회에 나가 보자. 에디슨이 이렇게까지 하고 싶다는데….

역할극을 따라 하면서 인지 심화를 학습할 수 있어요.

베토벤

(어쩔 수 없다는 표정으로) 아…, 알겠어.

에디슨

(방방 뛰며) 좋아! 그럼 내가 우리 팀 신청서를 낼게! 팀 이름은 '오토디'야!

오토디 팀을 비롯해 많은 팀이 대회에 참가 신청서를 냈다. 팀으로 모여서 더 강력해진 위인들이 저마다 우승을 원하는 가운데 인지 심화 대회가 시작된다.

마스터 송

(우렁찬 목소리로) 위인 여러분, 오늘은 인지 심화 대회가 열리는 날입니다. 모두 모였으니 바로 1라운드 '낚시 게임' 장소로 출발하겠습니다!

베토벤

낚시? 나 낚시 잘하는데! 재미있겠는걸?

에디슨

(궁금한 표정으로) 큰 물고기를 잡은 사람한테 점수를 주는 건가?

오리아나

(뛰어가며) 그러게. 우선 낚시하러 가 보자!

위인들이 강에 모여서 낚시를 하고 있다. 다른 팀에서는 큰 물고기를 잡았다는 소식이 들리는데, 오토디 팀만 아무 소식이 없다.

베토벤

(슬픈 표정으로) 아니, 왜 우리 낚싯대에만 안 걸리는 걸까?

역할극을 따라 하면서 인지 심화를 학습할 수 있어요.

에디슨

(베토벤을 보며) 낚싯대를 넣었다 뺐다 하지 말고, 차분히 기다려 보자. 낚시할 때도 스스로 마음과 행동을 조절하는 자기 통제력이 필요해.

베토벤

으, 그게 과연 맞는 판단일까? 너무 답답한걸?

오리아나

(끄덕이며) 베토벤, 이건 에디슨 말이 맞아. 어떤 것에 대해 옳고 그름을 잘 판단해야 일을 빨리 할 수 있어!

그때 오토디 팀의 낚시 찌가 매우 크게 흔들린다. 모두 숨죽이며 지켜본다.

에디슨

(다급한 목소리로) 자! 지금이야. 베토벤, 빨리 낚싯대를 올려!

베토벤

(힘껏 당기며) 으라차차!

베토벤이 낚싯대를 세게 들어 올리자, 아주 큰 물고기가 올라오고 모든 팀이 놀란다. 그리고 몇 초 뒤, '땡땡땡' 소리가 들리며 1라운드가 종료된다.

마스터 송

모두 물고기를 잘 잡는군요. 하지만 1라운드 점수는 정답을 맞혀야만 받을 수 있습니다. 먼저 가장 큰 물고기를 잡은 오토디 팀에게 질문하겠습니다. 낚시를 하면서 어떤 인지 능력이 높아질 수 있다고 느꼈나요?

오리아나

(깜짝 놀라며) 네?

에디슨

(잠시 머뭇거리다가) 자기 통제력과 판단력입니다!

전광판에 '오토디 팀 +10점'이라고 뜬다.

마스터 송

(웃으며) 물고기도 점수도 잘 잡는 팀이군요! 그럼 다음 라운드로 바로 넘어가겠습니다. 다음 라운드는 장기 기억력을 겨루는 '나무 판 게임'입니다.

베토벤

(궁금한 표정으로) 장기 기억력?

오리아나

응, 장기 기억력은 배우고 경험한 것을 오랫동안 기억하는 능력이야. 범주화나 청킹, 심상법, 두운법 등을 이용하면 많은 것을 쉽게 기억할 수 있지. 나만 믿어!

위인들 앞에 알파벳이 쓰인 나무 판이 세워지고 전광판에 게임 규칙이 뜬다.

역할극을 따라 하면서 인지 심화를 학습할 수 있어요.

나무 판 게임 규칙

1. 16개 나무 판 앞면에는 알파벳이 순서대로 쓰여 있고, 뒷면에는 숫자와 계산 기호가 있다.
2. 위인들은 나무 판 뒷면에 쓰인 숫자와 계산 기호를 3분 동안 보고 모두 외운다. 3분 뒤, 판이 모두 앞면으로 뒤집힌다.
3. 전광판에 나오는 숫자를 보고, 나무 판 앞면에 쓰인 알파벳을 나열해서 *수식을 만든다. 모두 참여해서 5문제를 먼저 맞히는 팀이 승리한다.

* 수식 : 숫자나 문자를 계산 기호로 연결한 식

베토벤

(슬픈 표정으로) 아, 너무 어렵잖아.

에디슨

걱정하지 마, 앞 글자만 연결해서 외우면 돼!

오리아나

좋아, 나는 이야기를 만들어서 외우겠어.

규칙에 따라 게임이 진행되고 치열한 접전 끝에 승리는 다빈치 팀이 가져간다. 아깝게 진 오토디 팀은 아쉬움을 뒤로 한 채 다음 게임을 준비한다.

마스터 송

벌써 마지막 라운드군요. 이번 라운드는 '검색! 요리 게임'입니다. 검색해서 나오지 않는 각 팀만의 요리를 만들어 주세요. 내가 할 줄 아는 요리만 생각하지 않고, 더 고민해야 새로운 요리를 만들 수 있습니다.

에디슨 이번 대결은 창의력과 요리 실력도 중요하지만, 학습한 것을 다른 일에 이용하는 응용력과 다른 것을 찾아보는 탐색 능력이 꼭 필요하겠어!

오리아나 (신난 목소리로) 내가 바로 검색 능력자라고!

베토벤 (소곤거리며) 얘들아, 내가 상어 눈 요리를 개발했는데 말이야….

모든 팀이 바쁘게 요리를 시작한다. 그리고 30분 뒤, 마스터 송이 요리 시간이 종료되었음을 알리고 각 팀의 요리를 가져가서 심사위원과 맛보며 확인한다.

마스터 송 여러분의 창의력과 응용력은 정말 훌륭하군요. 기상천외한 요리가 많았지만, 최종 후보에는 마파두부 팀과 오토디 팀이 올랐습니다. 그중 한 번도 본 적 없고 아주 맛이 좋았던 요리를 만든 팀은…, 아주 간발의 차이로 오토디 팀입니다. 그리고 전체 라운드 점수를 더한 결과, 인지 심화 대회의 우승 팀은 '오토디 팀' 입니다. 축하드립니다. 모두 소감 한마디씩 해 주세요.

베토벤 (기쁜 표정으로) 우아! 감사합니다.

오리아나 (베토벤과 에디슨을 보며) 모두 팀원들 덕분이에요!

에디슨 (감격한 목소리로) 인지 심화 대회에서 우승을 하다니! 앞으로 E-CLIP 책을 더 학습할게요.

역할극을 따라 하면서 인지 심화를 학습할 수 있어요.

마스터 송

루트비히 판 베토벤

토머스 에디슨

오리아나 팔라치

※ E-CLIP 미션의 문제에는 여러 가지 답이 나올 수 있습니다. 본 미션 가이드는 참고용으로 활용하시길 바랍니다.

※ 교사용 개념과 지도 가이드가 포함된 교사용 PDF는 다산전인교육캠퍼스 홈페이지(www.dasaneducation.co.kr)에서 교사 인증 후 신청하실 수 있습니다.

1차시
18쪽
- (길잡이) 마음을 통제하는 방법을 읽으면서 하나씩 따라 해 보세요.
- (예시) 나의 목표 : 세상에 하나밖에 없는 멋진 건물을 짓고 싶다.
나의 다짐 : 게임이나 만화와 같은 눈앞에 흥미로운 일에 흔들리지 않겠다. / 건축가가 되기 위해 건물을 자주 그려 보고, 관련 공부도 열심히 하겠다.

19쪽
- (예시) 학습을 하기 싫은 이유 : 공부가 어렵고 재미없기 때문이다. / 게임이 하고 싶기 때문이다.
학습을 하는 이유 : 편찮으신 할머니를 치료할 수 있는 의사가 되고 싶기 때문이다. / 나만의 글을 쓰고 싶기 때문이다.

20쪽
- (예시) 좋은 생각 : 일찍 자고 일찍 일어나야겠다. / 숙제를 열심히 하고 모르는 문제는 선생님께 여쭤봐야겠다.

나쁜 생각 : 수학 공부가 하기 싫다. / 숙제와 운동은 미루고 누워서 스마트폰만 하고 싶다.

21쪽
- 1. ③, ④
2. ② 마리아는 점심에 떡국을 맛있게 먹었다. / ① 하지만 마리아는 여전히 배가 고팠다. / ③ 그래서 간식으로 바삭한 과자를 먹었다.
- (예시) 우선 아는 문제를 먼저 풀고, 모르는 문제는 표시해 두었다가 마지막에 풀어요.

22쪽
- (예시) 할머니를 그늘에 옮겨 드린 후 119에 신고한다. 만약 스마트폰이 없다면, 주변 사람에게 신고를 요청하고 구급차를 기다린다.
먼저 119에 전화해서 상황을 설명하고 도움을 요청한다.
최대한 높은 곳으로 이동해서 색이 밝은 옷을 흔들며 구조 신호를 보낸다.

2차시
26쪽
- (길잡이) 보기의 단어를 여러 번 쓰면서 자유롭게 외워 보세요.
- (예시) 단어를 외울 때, 비슷한 모양이나 색을 연결 지어 외운다. 여러 사물에 관심이 많은 성격과 잘 맞는 나만의 방법이다.

27쪽
- 1. 범주 : 운동
- (예시) '개나리, 튤립, 장미, 무궁화, 진달래, 코스모스'의 범주 : 꽃 / '칫솔, 샴푸, 비누, 치약, 수건'의 범주 : 욕실에서 쓰는 물건 / '노랑, 파랑, 보라, 빨강, 초록'의 범주 : 색

28쪽
- (길잡이) 딸기를 4개씩 묶어서 외워 보세요.
- (예시) '301, 815, 717, 103, 109'로 묶어서 외울 수 있다. 순서대로 삼일절, 광복절, 제헌절, 개천절, 한글날로 모두 우리나라의 국경일이다.

29쪽
- (길잡이) 영어 단어나 속담 등을 찾아보고, 그것을 그림으로 그려서 외우는 연습을 해 보세요.
- (예시) 판사가 재판을 하고 있는 그림 / judge : 판사, 판단하다 / 판사는 범인에게 '네가 졌지!(judge)'라고 판단을 내렸어요. / 그림으로 그려 보니, 영어 단어가 머릿속으로 연상되어서 더 쉽게 외울 수 있었다.

30쪽
- ① 태조, ② 정종, ③ 태종, ④ 세종, ⑤ 문종, ⑥ 단종, ⑦ 세조, ⑧ 예종, ⑨ 성종, ⑩ 연산군, ⑪ 중종, ⑫ 인종, ⑬ 명종, ⑭ 선조, ⑮ 광해군, ⑯ 인조, ⑰ 효종, ⑱ 현종, ⑲ 숙종, ⑳ 경종, ㉑ 영조, ㉒ 정조, ㉓ 순조, ㉔ 헌종, ㉕ 철종, ㉖ 고종, ㉗ 순종

3차시
34쪽
- ㉮ 복습

35쪽
- 태풍 이름
- (예시) 4라는 숫자가 '죽음'을 뜻하는 한자 死(사)와 소리가 같아서 안 좋게 생각하기도 한다. 그래서 건물의 4층을 F(four)라고 표기하는 곳도 있다.

36쪽
- (예시) 가운데 이름 : 박지훈
위쪽 : 가족 - 아빠, 엄마
왼쪽 : 성격 - 친절함, 조용함
아래쪽 : 꿈 - 축구선수, 토트넘 팀 들어가기
오른쪽 : 좋아하는 것 - 게임, 축구

37쪽
- (예시) 마리아가 만든 학교, 마리아가 쓴 책
- (예시) 마리아는 어린이를 사랑하고, 이들을 위해 노력했던 위인이에요. 어린이를 존중하지 않았던 시절, 마리아는 '카사 데이 밤비니'라는 유치원을 만들어서 어린이를 돌보고 가르쳤어요. 그리고 어린이만을 위한 교육을 적용했지요. 또 어린이의 모습과 행동을 관찰하고 기록한 경험으로 《어린이의 비밀》이라는 책을 써서 어린이를 위한 교육을 널리 알리기도 했어요.

38쪽
- (예시) 1. 예
2. 아니오
- (예시) '무엇을 알고 무엇을 모르는지' 스스로 잘

알고 있어서 바로 대답할 수 있었다. 우리나라 수도는 서울이라고 바로 대답할 수 있지만, 미국에서 세 번째로 큰 도시는 어디인지 알지 못한다.

4차시

42쪽
- 지금까지 알려지지 않은 어린이들의 세계를 알아보겠다는 결심을 했고, 이 결심이 연구에 매진하게 했습니다. 교육에 관한 지식이 부족함을 알고, 대학에 다시 입학해 교육학을 배웠고, 어린이의 잠재력을 발견하는 여러 교육법을 만들었습니다.

43쪽
- ㉮ 보물, ㉯ 발견

44쪽
- (예시) 마리아가 마음을 통제하지 못했다면, 결국 차별을 이겨내지 못하고 의사의 꿈을 이룰 수 없었을 것이다.
- (예시) 무솔리니를 찾아가 어린이를 위한 교육의 중요성을 설득했을 것이다. 만약 받아들여지지 않으면 무솔리니의 눈을 피해 교육법 설명회를 열었을 것 같다.

45쪽
- (예시) 학습 방법 : 연상되는 상황과 연관 지어 암기하기
과목 : 영어
활용 : 영어 시간에 배운 영어 단어 charge는 '내 땅을 차지했으니 돈을 내야 하는 상황'과 연관 지을 수 있다. 그럼 charge(차지)의 뜻이 '청구하다'라고 쉽

게 기억할 수 있다.
- (예시) 외워야 하는 내용을 좋아하는 노래의 가사에 넣어서 기억한다.

46쪽
- (길잡이) 앞의 활동을 참고해서 나의 각 능력은 몇 점인지 동그라미 해 보세요.
- (예시) 자기 통제력과 응용력, 탐색 능력이 많이 향상되었다. 그렇지만 장기 기억력은 여전히 노력이 필요하다.

세계 위인과 함께 해결하는 E-CLIP 미션 대탐험

E-CLIP

who?

학습 만화 《who?》의 세계 위인과 함께 미션을 해결하는
12권의 '감성적 창의 주도성' 향상 프로그램!

E-CLIP 구성

권	주제	각 권 대표 위인	이야기 속 위인
1	동기	알렉산더 플레밍	에이브러햄 링컨, 찰스 다윈, 레이철 카슨
2	인지	레이철 카슨	레오나르도 다빈치, 리처드 파인먼, 마리아 몬테소리
3	인지 심화	마리아 몬테소리	토머스 에디슨, 오리아나 팔라치, 루트비히 판 베토벤
4	동기 심화	루트비히 판 베토벤	마하트마 간디, 버지니아 울프, 정약용
5	몰입	정약용	하인리히 슐리만, 아멜리아 에어하트, 헬렌 켈러
6	자아존중감	헬렌 켈러	알베르트 슈바이처, 신사임당, 스티브 잡스
7	창의성	스티브 잡스	헬렌 켈러, 알렉산더 플레밍, 스티브 잡스
8	창의성 심화	알베르트 아인슈타인	스티브 잡스, 레이철 카슨, 알베르트 아인슈타인
9	감성	마더 테레사	알베르트 아인슈타인, 루트비히 판 베토벤, 마더 테레사
10	감성 심화	월트 디즈니	마더 테레사, 정약용, 월트 디즈니
11	사회성	세종 대왕	월트 디즈니, 마리아 몬테소리, 세종 대왕
12	사회성 심화	마하트마 간디	세종 대왕, 마하트마 간디

* E-CLIP / 대상 초등학교 전 학년 / 책 크기 200 X 260 / 각 권 쪽수 70쪽 내외
* who? / 대상 초등학교 전 학년 / 책 크기 188 X 255 / 각 권 쪽수 180쪽 내외